Original Title: Die Stimme der Frau

Copyright © 2023 Book Fairy Publishing
All rights reserved.

Editors: Theodor Taimla
Autor: Isabella Ilves
ISBN 978-9916-39-339-0

# Die Stimme der Frau

## Isabella Ilves

**Im Schoß der Sprache**

Im Schoß der Sprache liegen Worte still,
In zarten Schleiern, Wahrheit zu verkleiden.
Wie Seidenfäden ihr Gewebe bildet,
Und flicht ein Kleid aus Poesie und Spiel.

Sie singt sacht Lieder, voller Leidenschaft,
Ihr Echo wandert, in Gedanken stille,
Bis jeder Buchstabe, unberührt und zart,
Zu Sprache wird, gefüllt mit tiefem Wille.

## Erhebe dich, Schwester

Erhebe dich, Schwester, der Tag hat begonnen,
Lass hinter den Schatten, was gestern gewonnen.
Steige empor, aus dem Dunkel der Nacht,
Der Himmel macht Platz, für deinen neuen Pracht.

Golden die Sonne, auf dein Angesicht fällt,
Es leuchtet die Welt, wie ein wunderschönes Feld.
Steh dir selbst gegenüber, so tapfer und klar,
Denn jeder neue Tag, ist ein geschenktes Jahr.

## Herzensklänge

Versunken in Harmonien, so sanft und fein,
Tanzen Gedanken, im Mondenschein.
Zwischen den Zeilen, flüstern sie leise,
Gefühlsvolle Worte, auf ihre Weise.

Sie weben Geschichten, von Liebe und Schmerz,
Tief eingebettet, in des Herzens Herz.
Worte werden Melodien, die im Wind sich drehen,
Als wären sie Tänzer, die auf Noten stehen.

## Pfadfinderin der Zeilen

Als Pfadfinderin der Zeilen, suche ich das Wort,
Ziehe leise Fäden, von einem Gedanken zum Ort.
Versponnen in Symbolen, die Gedichte mahlen,
Und hoffe, in jedem Vers, die Wahrheit zu entzahlen.

Durch Worte gebundene Pfade, in Dunkelheit und Licht,
Im Tanz mit den Buchstaben, geschmiedet das Gedicht.
Bis am Ende meines Stifts, eine Geschichte erwacht,
Denn ich bin die Pfadfinderin, die über Worte wacht.

## Sonettsegel

Eine Meeresbriese weht so leicht,
Hält das Segel meines Sonetts bereit,
In den Tiefen der Seele sanft erreicht,
Eine Ode an die Ewigkeit.

Die Nacht flüstert leise ihr Segen,
In den webenden Wellen der Zeit,
Kein Sturm kann das Sonett bewegen,
In seiner unendlichen Seligkeit.

Ein Leuchtturm strahlt am Horizont,
Blickend auf das Papier, hell und klar,
Ein Sonett, dessen Echo im Ewigkeitstönen wohnt,
Eingefangen in den Versen, so wahr.

Verse singen im Wind, erzählen Geschichten,
Sonettsegel, verführen in nächtlichen Sichten.

**Tongebung Tänzerin**

Sie tanzt durch die Welt der Töne,
Wie eine Feder im sanften Wind,
In jedem Schritt, jeder Schönen,
Ist ihre Poesie so zart gesinnt.

Auf der Bühne, unter dem Mondenschein,
Wirbelt sie in den Hallen der Noten umher,
In allem Schmerz, in jeder Fein,
Tanzt sie, die Tänzerin, immer mehr.

Ihre Schritte, sie klingen wie Poesie,
Geschrieben in den Wind, getanzt im Licht,
Tongebung Tänzerin, oh, wie ich sie zieh',
Dem Rhythmus entgegen, dem sie entrüstet nicht.

Sie ist die Musik, der Tanz, das Lied,
Die Tongebung Tänzerin, die niemals flieht.

## Versfürstin

Mit Feder und Tinte herrscht sie mit Macht,
Jeder Vers leuchtet in prächtiger Pracht,
In den Hallen der Poesie, so hoch und weit,
Regiert die Versfürstin, verloren in der Zeit.

Sie webt Wörter wie goldene Seide,
In jedem Rhythmus, jeder Melodie so Weide,
Intrigen und Liebesschwüre, in Reimen versteckt,
Die Versfürstin, die jedes Herz weckt.

In der Tiefe der Nacht, unter den Sternen so klar,
Schreibt sie Gedichte, so wahr,
Ein Schloss aus Reimen, dies ist ihr Reich,
Gefüllt mit Versen, so reich.

Königin der Wörter, Herrscherin der Stille,
Mit ihrem Zauber verleiht sie jedem Vers Brille.

## Wort Waffenschmiedin

In der Glut der Sprache schmiedet sie Worte,
Die schneidiger sind als jedes Schwerte,
Mit jedem Schlag, mit jeder Sorte,
Gleichen sie einer mächtigen Feste.

Sie schmiedet sie scharf, sie schmiedet sie klar,
Die Worte, sie sind ihre Rüstung, ihr Panzar,
Mit jedem Vers, jedem Reim auch so klein,
Schafft die Waffenschmiedin einen Schutzschein.

Wie ein starker Schild, wie eine scharfe Klinge,
Worte webt sie, gibt ihnen Flügel und Schwinge,
In jedem Wort, jeder Zeile liegt ihre Kraft,
Die Frau, die die Worte schafft.

Die Waffenschmiedin der Worte, stärker als jedes Heer,
Schafft sie Geschichten, oh, ich liebe sie so sehr.

**Bleibende Worte**

Von der Zeit gewebt, ein Seelenlied,
In Erinnerung leuchtend, im Geiste blüht.

Worte die bleiben, in Herzen gegraben,
Wie sanfte Wellen, die ewig laben.

Sie träumen still in der Unendlichkeit,
In der Stille des Raumes, in Ewigkeit.

Jedes Wort, ein Tanz, eine Melodie,
Leise Erinnerung, die niemals flieht.

**Seite an Seite**

Seite an Seite, ein lebenslanger Tanz,
Freude und Leiden, in stetem Glanz.

Unter dem Himmel, Hand in Hand,
Über den Wolken, im Traumland.

In Liebe gebunden, in Hoffnung gewickelt,
Zusammen gewachsen, unendlich verzückt.

In aller Stille, bei Nacht, bei Tag,
Seite an Seite, so wie es war, so wie es lag.

**Sanfte Spuren**

Sanfte Spuren auf dem Kieselsteingrund,
In den Wind gesäuselt, verschmolzen im Stund.

Gedanken die treiben, in der Stille der Nacht,
In dem dunkelen Himmel, Sterne erwacht.

In die Ewigkeit getragen, flüstern sie leise,
Geschichten von Liebe, von Glück und von Weise.

Sanfte Spuren, wie von Seide gesponnen,
Unsichtbar, doch ewig, niemals zerronnen.

**Versunkenes Lachen**

Versunkenes Lachen in der Tiefe der Zeit,
Leise Echoes in der Unendlichkeit.

Klänge die tanzen, sich winden und drehen,
Durch das Dunkel der Vergangenheit wehen.

Dieses Lachen, einst so lebendig, hell,
Nun leise geflüstert, ein fernes Gebell.

Verweht, versunken, doch niemals vergessen,
In den Herzen getragen, in Liebe gemessen.

**Weite der Wortwogen**

In der Weite der Wortwogen,
Lassen wir Gedanken fliegen.
Sie tanzen im Wind, frei und heiter,
In ihnen wohnt ein ewiger Streiter.

Langsam reisen sie über den Meeresgrund,
Suchen den Sinn, machen ihn kund.
Sie erzählen Geschichten, träumen und lachen,
Bewegen Herzen, lassen die Welt erwachen.

Im Flüstern des Windes, im Rauschen der Bäume,
Finden sie Zuflucht, sie tragen unsre Träume.
Sie malen Bilder in unser Seelenbuch,
Mit jedem Wort, mit jedem Versuch.

Der Himmel ist ihr strahlendes Zuhause,
In ihm strahlt jeder Gedankenausbruch seine Pause.
Die Schönheit der Worte, so grenzenlos weit,
In der Stille der Nacht, in der Ewigkeit.

**Qual der Qualle**

Die Qualle, sie gleitet durchs offene Meer,
In ihrer Schönheit liegt viel Leere, so leer.
Sie kennt keine Grenzen, keine Furcht, kein Bedauern,
Nur das endlose Blau, es scheint sie zu entschauern.

Mit den Strömungen treibt sie, so ruhig und still,
Weiß nicht, woher sie kommt, weiß nicht, wohin sie will.
Ihrer Freiheit beraubt, in der Ozeantiefe gefangen,
Hat sie doch Sehnsucht, nach fernen Gelangen.

Doch die Qual der Qualle, sie ist tief wie das Meer,
Die Freiheit, sie flieht, immer weiter, immer leer.
In ihrer Stille liegt eine Melancholie,
Eine unergründliche Tiefe, ein endloses Wie.

Die Qualle, sie gleitet, Tag um Tag,
Auf der Suche nach Freiheit, die sie niemals fand.
Die Qual der Qualle, sie bleibt uns verborgen,
Ein Rätsel der Tiefe, ein Mysterium, ein Sorgen.

**Prinzessin der Prosa**

Die Prinzessin der Prosa, so edel und fein,
In ihren Worten liegt Wahrheit, sie scheint echt zu sein.
Mit jedem Satz, den sie formt, zaubert sie Bilder,
Sie schafft Welten und Charaktere, keine sind wilder.

Ihre Geschichten sind wie Lieder, sie tanzen und schwingen,
Sie erfüllen die Luft, sie scheinen zu singen.
Mit Leidenschaft und Hingabe, mit Liebe und Kummer,
Schafft sie Schönheit und Tragödie, Farbe und Sommer.

Die Prinzessin der Prosa, sie herrscht mit Worten,
Über Land und Leute, über alle Orten.
Ihre Macht liegt in der Sprache, in der Wahrheit, die sie schreibt,
In der Poesie, die sie lebt, in der Fantasie, die sie bleibt.

Die Prinzessin der Prosa, ihr Reich ist unendlich groß,
Ihr Thron ist das Papier, ihre Krone der Schreibfrosch.
Sie regiert mit Sanftheit, mit Liebe und Leid,
Die Prinzessin der Prosa, in ihrer unendlichen Weite.

## Riemenrätsels

In der Dunkelheit des Raumes, verborgen und still,
Liegt ein Riemen, er wirkt so hart und schrill.
Er liegt da, fast vergessen, unbeachtet, ungenutzt,
Erzählt Geschichten, unausgesprochen, ungestutzt.

Wer hat ihn einst getragen, im Arbeitsalltag schwer,
Mit stolzer Brust, müden Gliedern, durch das Leben quer?
Wer hat ihn geformt, mit Liebe und Sorgfalt,
Für diesen einen Träger, so still und kalt?

Das Rätsel des Riemens, es bleibt ungelöst,
In der Dunkelheit des Raumes, vom Staub bedeckt, verrost.
Geschichten unausgesprochen, Leben unerzählt,
Im Geheimnis des Riemens, vergessen, ausgewählt.

Jeder Riemen trägt eine Geschichte, ein Stück vom Leben,
Von harter Arbeit, von Hoffnung, von Streben.
Das Rätsel des Riemens, in der Stille des Raumes,
Es bleibt ungehört, ein Echo in den Bäumen.

## Zamir Zenith

Im Himmel der Gefühle hoch gewebt,
Des Herzens Feuer krönt den Zamir Zenith.
Wo Hoffnung in den Sternen stets schwebt,
Liebe hat uns alle wirklich erlitt.

Freude blüht auf dem Pfad der Träume,
Reiner als der hellste Mondschein.
Hört, wirft der Wind leise Räume,
Die pilgern, um unseres Geistes zu sein.

In die Tiefe unserer Seelen geblickt,
Erwacht eine Flamme, ewig erlischt nicht.
Im Tanz des Schicksals, feinfühlig entzückt,
Zamir Zenith, erzählt uns sein Gedicht.

Ein Lied, gespielt auf der Harfe des Lebens,
geformt aus der Essenz allen Strebens.
Bist du bereit, dich zu erheben,
Und mit Zamir ins unendliche zu schweben?

## Ring der Rhythmen

In den Tiefen des Schweigens beginnt unser Lied,

Im Ring der Rhythmen, wo der Tanz nie entflieht.

Jedes Herz hat eine Melodie, die es stets sieht,

Ein Lied aufrichtig, ohne Täuschung, ohne Krieg.

Unsichtbare Fäden verweben das Schicksal,

Im Tanz des Lebens, ruhig und brutal.

Jede Sekunde, jedes Beat, so ideal,

Ring der Rhythmen, unser universelles Signal.

So wie Flüsse zum Meer stets fließen,

Wird auch unser Klang sich ergießen.

In Harmonie und Leidenschaft tanzen und küssen,

Das ist das Lied, das wir beschließen.

Ring der Rhythmen, unser Herzschlag der Zeit,

Durchtrennt das Dunkel, gibt uns den Weg in die Weite.

Wir vereinen uns in einer himmlischen Heiterkeit,

Im endlosen Tanzen, zur Freiheit bereit.

**Gesang der Stille**

In der Stille, tief und still,
Hört man, was das Herz erfüllt.
Ein Lied erhebt sich, weich und rein,
Ein Gesang der Stille, kann es sein.

Ganz allein, mit jedem Ton,
Ist die Welt plötzlich ohne Fron.
In der Stille, tief und klar,
Die Harmonie so offenbar.

In der Stille, dunkel, weit,
Hat die Seele keine Zeit.
Sie lauscht dem Lied, das von ihr stammt,
Von ihrem Flüstern angeflammt.

**Fluss der Gedanken**

Gedanken fließen wie ein Fluss,
Leise, still, ohne großen Verdruss.
Jeder Tropfen füllt das Meer,
Mit Träumen, Hoffnung, immer mehr.

Der Fluss der Gedanken, breit und tief,
Wo jeder Gedanke seinen Ursprung rief.
Sie fließen weiter, Tag und Nacht,
Erzählen Geschichten mit leiser Macht.

Sieh den Fluss, wie er fließt und dreht,
Wie er kommt und niemals geht.
Betrachte ihn und werde still,
Denn dein Geist ist, was er will.

## Im Spiegel des Schweigens

Im Spiegel des Schweigens, tief und rein,
Sieht man Dinge, die sonst verborgen sein.
Gedanken, Träume, offenbart,
Der Spiegel zeigt, was sonst erstarrt.

Im Glanz des Schweigens, breit und klar,
Wird die Seele plötzlich wahr.
Blick tief hinein und du wirst sehen,
Wie Gedanken und Gefühle entstehen.

Der Spiegel des Schweigens, still und weise,
Zeigt mehr als nur die äußere Reise.
Er zeigt das Innere, nackt und rein,
Kann ein Spiegel sonst so ehrlich sein?

**Fäden des Schicksals**

Fäden des Schicksals, weben fein,
Jeder Sequenz, jeder Reim.
Verflochten, gesponnen, mit Bedacht,
Ein Meisterwerk der Nacht.

Jeder Faden, schmal und zart,
Erzählt Geschichten, alt und bewahrt.
Sie führen uns, mit leiser Macht,
Durch unser Leben, Tag und Nacht.

Schau die Fäden, wie sie sich drehen,
Sie formen das Leben, wie wir es sehen.
Jeder Faden, jedes Schicksal webt,
Die Geschichte, die in uns lebt.

## Phönix Poesie

Der Phönix steigt aus Asche auf,
Zeigt Stärke in seinem Lebenslauf.
Ein Feuerball im dunklen Nacht,
Erwacht mit unerklärlicher Macht.

Einem Feuervogel gleich, so stark,
Mit Flügeln breit und Funkenpark.
Im Flug wird der Nachthimmel klar,
Phönix Poesie, ein Wunderbar.

Seine Flügel funkeln, blinken hell,
Er erhebt sich, widersteht der Qual.
Ein Geschöpf der Unsterblichkeit,
Loungend in ewiger Herrlichkeit.

**Begabte Balladenbildnerin**

Sie webt mit Wörtern fein und zart,
Eine Spielerei der hohen Art.
Schwarze Tinte auf elfenbein,
Gemalt in gold'nen Sonnenschein.

Balladen fließen wie ein Bach,
Mühelos in ihrem Gemach.
Die Feder tanzt, der Rhythmus singt,
Aus ihrer Hand die Poesie springt.

Mit Ironie, mit Witz und Charme,
Die Worte umschlingen wie 'ne Warme.
Begabte Balladenbildnerin,
Zeichnet Geschichten voller Sinn.

## Inkwellen Inschrift

Im dunklen Nachthimmel weicht der Tag,
Die Feder kräht mit sanfter Klage.
Eine Inschrift, in der Tinte gewebt,
Ist eine Geschichte, die ewig lebt.

Die Worte spiegeln das Licht der Sterne,
Erzählen von liebe, von weite Ferne.
Im Schatten der Inkwellen kunstvoll gezischt,
Ein Gedicht, in der Dunkelheit erfrischt.

Zeitlose Verse flüstern zart,
Ein Gedicht von goldener Art.
Die Nacht fällt, der Dichter schreibt,
In der Stille, wo die Weisheit bleibt.

**Recital Regentin**

Sie schreitet in den Raum hinein,
Die Worte fliegen, klar und rein.
Ein Recital, das niemand vergisst,
Wo jedes Wort ein Meisterstück ist.

Die Melodie in jeder Linie,
Fließt durch sie wie eine Pipeline.
Mit Leidenschaft und mit Esprit,
Regiert sie über die Poesie.

Recital Regentin der Muse Güte,
Mit jeder Silbe, die ihr entflieht.
Ihre Stimme klingt wie ein Gebet,
Ein Kunstwerk, das niemals vergeht.

## Geheime Gedichtgrenzen

Verse tanzen wie Sterne am Himmel,
Gesponnen aus der Stille der Nacht,
Der Dichter flieht durch die Wimmel,
Auf der Suche nach der Kraft der Macht.

In der Finsternis sind Grenzen verborgen,
Doch mit jedem Wort wird der Raum hell,
Jedes Gedicht vertreibt die Sorgen,
Jede Zeile ist ein funkelnder Kristall.

Gegossen in geheime Zeichen,
Die nur ein Herzen lesen kann,
So kann die Dichtung Kaiserreich erreichen,
Die Grenzenlosigkeit ist der ehrliche Wahn.

**Türme des Trust**

Hoch ragt der Turm in stolzer Pracht,
Erzählt von Geld und Macht,
Doch unter dem Leuchten der Nacht,
Wird seine Kälte weich und sacht.

Die Fenster blicken arrogant und starr,
Auf die Schweigsamkeit der menschlichen Schar,
In ihrem kalten, gläsernen Blick,
Ist kein Raum für Liebe, nur für Geschick.

Doch in der Stille der Nacht,
Wenn der letzte Geschäftsmann lacht,
Erzählt der Turm eine andere Geschichte,
Von Trauer, Hoffnung und ewiger Dichte.

## Windwilde Weisheit

Der Wind, er flüstert leise Weisheit,
In die Ohren der schlafenden Welt,
Er trägt die Botschaft der Reinheit,
Und erzählt Geschichten, die nie jemand erzählt.

Er fliegt über die Gipfel der Berge,
Und streicht durch die Felder so weit,
Er bringt die Sehnsucht der Herzen zum Berge,
Und trägt die Sorgen fort, in die Weite der Zeit.

Von Liebe singt er und von Kummer,
Von Freud' und Leid im Sonnenschein,
Der Wind, er ist ein alter Zechpreller,
Er weht fort und lässt uns allein.

**Brillantes Brummen**

Unter der Sanftheit des Morgenlichts,
Erwacht die Welt mit einem Lied,
Das brillante Brummen des Lebens bricht,
Und erfüllt die Lüfte, fern und weit.

Das Brummen der Bienen, das Rauschen des Windes,
Sie singen das Lied des aufwachenden Tages,
Ihre Melodien vermischen sich zu Sünden,
Und zeichnen die Bilder der kommenden Pages.

Die Welt ist voller brillanter Klänge,
Vom tiefsten Brummen bis zum hellsten Klang,
Jeder Moment, in jedem Range,
Ist ein Lied, das niemals versang.

**Verborgene Versmelodie**

Verborgene Töne in des Windes Schleiern,
Bilder springen aus Worten, wie Fontänen.
Jede Zeile trägt eine Melodie,
Leise wehnend, in der Ferne hallend.

In den Herzen weben sie ihre Harmonie,
Zwischen Hoffnung, Liebe, Leid und Sehnen.
So ruhen sie, in stiller Symphonie,
Wie die Perlen auf dem Pfad des Mondstrahls.

Durch den Nebel der Vergangenheit,
Tönen sie, wie eine Ewigkeit,
Klänge, verborgen in des Lebens Melodie,
Das ist die Sprache der Poesie.

## Schwingenschreibende

Auf zarten Flügeln schwingt sich Wort zu Wort,
Sie fliegen leicht über das Blatt Papier.
Sie malen Träume und Gedanken fort,
Und fangen jeden Augenblick, das ist ihr Zier.

Sie tanzen über Seiten, wie ein Lichterschein,
Mal sanft, mal wild, in ihrer eigenen Weise.
Tinte trifft Papier, ein Tanz so klar und rein,
In dieser stillen Poesie liegt ihre Reise.

Und so schreiben sie, in ihrer stillen Pracht,
Zwischen den Zeilen, zwischen Raum und Zeit.
Ein Universum, in Worte gefasst, sanft und acht,
Dies ist die Kunst der schwingenschreibenden Zweisamkeit.

**Unsichtbare Unterhaltung**

Gespräche, getragen vom Wind, leise und scheu,
Unsichtbar, doch sichtbar in ihren Worten.
Sie erzählen Geschichten, alt und neu,
In den Herzen aller, die sie dort behorten.

Wie der Fluß erzählt von der Vergangenheit,
Und die Sterne flüstern von der Zukunft leise,
So singen diese Worte in ihrer Ewigkeit,
Und zeichnen unsichtbar ihre eigene Weise.

Die Mitte des Ozeans, die Stille des Waldes,
Die Höhen der Berge, die Tiefe der Täler.
Jeder Platz, wo das Herz sich entfalten darf,
Da blüht die unsichtbare Unterhaltung, die zähler.

## Zeilenzeugin

Sie ist Zeugin, stille Beobachterin der Zeit,
In den Zeilen verborgen, spricht sie laut.
Sie hält fest das Jetzt, die Ewigkeit,
So schildert sie das Leben, mal frostig, mal heiß, mal traut.

Sie trägt die Liebe, das Leid, das Glück,
In den Zeilen zu jedem, der sie liest.
Sie ist das Echo, das kehrt zurück,
Und erzählt von all dem, was gewesen ist.

So ist sie die Zeugin, die still uns hält,
In der stürmischen See des Lebens, im Stillen.
Sie ist das Wissen, das uns verbindet, diese Welt,
Sie ist die Zeilenzeugin, die uns erfüllt und stillt.

**Echo des Herzens**

In der Stille des Abends, kommt das Echo herein,
Aus der Ferne, aus der Nähe, es lässt mich niemals allein.
Es spricht von vergangenen Tagen, im Klang deiner zarten Stimme,
Bringt alte Gefühle zum Vorschein, und weckt in mir die Inbrunst.

Es ist die Liebe, es ist das Lachen, in meinen Gedanken verewigt,
In meinem Herzen wohnt der Klang, deiner Worte so leicht und geschmeidig.
Mit jedem Schlag, mit jedem Schritt, immer lauter wird das Echo,
Das Echo des Herzens, das Erinnerungen wach küsst, mit seinem Geflüster im Echo.

**Flüstern im Mondschein**

Unter dem Leuchten des Mondes, wir beide stehen im Tanz,
In der stillen Nacht, nur unser Flüstern reißt die Stille entzwei.
Jeder Blick, jede Berührung, so zart und rein im Mondschein,
Ein Flüstern im Dunkeln, ein geflüstertes Versprechen, beständig und wahr.

Im Mondschein vereint, unsere Seelen im Flüsternden Licht,
Unser Geheimnis, getragen vom Wind, es fliegt und vergeht nicht.
Die Verbindung, die Bindung, im Dunkeln so klar,
Im flüstern, im leisen Gespräch, unsere Liebe offenbar.

**Worte aus Seide**

Mit Samthandschuhen, wähle ich meine Worte, jede Silbe so leicht,
Weich wie Seide, sie fließt von der Zunge, trägt unser Begehren.
In jedem Vers, in jeder Zeile, unser Lied, unser Klang,
Worte aus Seide, geflüstert im Dunkeln, sie erzählen unsere Geschichte.

Du, mein Geliebter, mein Begehren, hörst du die Worte aus Seide?
Sie tragen das Verlangen, die Zärtlichkeit, die ich für dich empfinde.
Mit jeder Silbe, mit jeder Linie, ist eine Liebkosung, eine Berührung,
In Worten gewebt, die wie Seide durch die Luft wirbeln, umschmeicheln sie uns.

**Im Herzen getragen**

Wie ein Schatz, tief vergraben, im Herzen getragen,
Liebe, Zuneigung, Sehnsucht, in tausend Farben gemalt,
So trage ich dich bei mir, überall, immer, unablässig,
Eingraviert in Sehnsucht, im Herzen bewahrt, in Liebe getragen.

Du, mein Geliebter, mein Herz, immer bei mir, auch in der Ferne,
In Gedanken, in Träumen, in jedem leisen Lied des Herzens.
Mit jedem Schlag, mit jedem Atemzug, bist du bei mir,
In Herzen bewahrt, in Liebe getragen, für immer und ewig.

## Herbstlaub und Hoffnungen

Bunte Blätter fallen sacht,
Ruhe deckt den Wald zur Nacht,
Die Hoffnungen, sie fliegen leis',
Wie Herbstlaub in der Stille Kreis.

Tanzend im goldenen Sonnenlicht,
Erzählen sie von Vergangenem nicht,
Von Träumen, die noch werden wollen,
Getragen vom Wind, den Kälte durchrollen.

Morgenrot beginnt den Tag,
Die Hoffnungen, sie fliegen vage,
Durch Herbstlaub, das stets weiterreicht,
Zu Träumen, die die Zukunft zeigt.

So endet der Tag, fängt neu an,
Unterm Sternendach, der Hoffnungsspan,
Mit Herbstlaub, das leise flüstert,
Von Hoffnungen, die das Herz belüstert.

**Der Kuss der Wörter**

In der Stille leuchtet sanft das Wort,
Und küsst die Stille, findet immerfort,
In jedem Raum, in jeder Ecke Platz,
Und färbt mit Bedeutung jeden Satz.

Wörter, sie tanzen im Geist,
Wärmen Herzen, das oft weiß,
Dass ein Kuss, so fein und leis',
Schmeckt nach Wahrheit, nach Sprachweis'.

Süß der Kuss, das Wort wird Licht,
In den Schatten von Angesicht,
Wölb' der Dunkelheit, die weicht,
Wo das Wort die Stille erreicht.

So tanzen Wörter, groß und klein,
Im Kuss der Stille, sie laden ein,
Zu träumen, zu hoffen, zu verstehen,
Im Klang von Wörtern zu vergehen.

**Windgeflüster**

Der Wind, er flüstert seine Verse,
Wie Liebesworte, zart und leise,
Er trägt Geschichten durch das Universum,
Weit über Berg und Wiesenkreise.

Mit sanften Hauch streichelt er Gräser,
Erzählt von der Ferne, geheimnisvollerweise,
Von Stürmen, Flügelschlag der Libelle,
Vom Leben, das nie aufhört zu reisen.

Mit jedem Laut rauscht er durch Wipfel,
Verkündet Neuigkeiten, Freuden, Weise,
Erkenntnisse, die er wie Samen streut,
In der Hoffnung, dass Wissen auf diese Weise kreise.

So flüstert der Wind, mit jedem Atemzug,
Und in der Stille hör' ich seine Reise,
Auf den Flügeln des Windes, in jedem Augenblick,
Ist seine Poesie, seine leise Lebensweise.

**Im Atem der Zeit**

Im Atem der Zeit, so fein und blass,
Vergehen Momente, wie Sand im Glas,
Sie fließen, sie strömen, in stetem Fluss,
Schreiben Geschichten, mit jedem Kuss.

Und jede Sekunde, sie zählt, sie lebt,
Bringt Hoffnung, die stets weiter strebt,
Sie flüstert von Morgen, von gestern, heute,
Erklingt in der Zeit, ihrer endlosen Leute.

Mit jedem Atemzug, mit jedem Klang,
Wird das Leben zum Lied, zum leisen Gesang,
Das in der Zeit sich ewig webt,
Und in jedem Herz seinen Widerhall gibt.

So atmet die Zeit, sie zieht uns mit,
Durch Tage und Nächte, jeden Schritt,
Auf Pfaden der Zukunft, der Vergangenheit,
Im ewigen Atem, der uns das Leben leiht.

## Wahrheitswellen

Auf Wahrheitswellen wir schwimmen,
Fühlen die Tiefe der Zeit,
Jeder Tropfen verrät ein Geheimnis,
Jede Welle trägt Vergangenheit.

Die Wellen spiegeln unsre Seelen,
In ihrer Reinheit, so klar und weit,
Sie tragen Hoffnung, Liebe und Leiden,
In der endlosen Flut der Ewigkeit.

Geheimnisse tief verborgen in ihnen,
Im Herzen der Wahrheit, schwer doch fein,
Bilden die Tiefe unseres Seins,
Im Spiegelbild der Wahrheitsmeere Schein.

Wahrheitswellen, ständig in Bewegung,
Ewig wechselnd, doch immer da,
Sie sind die Spur unserer Fehler,
Doch auch das Echo des Himmels, so wunderbar.

**Wandlerin im Wortgewitter**

Im Sturm der Worte, wild und frei,
Wandelt sie, als wäre sie aus Lei,
Sammelt Sätze, im Gewitter der Gedanken,
Ein Meer von Metaphern, niemals versanken.

Sie spinnt Gedichte aus dem Nichts,
Sieht in Dunkelheit ein helles Licht,
In der Sprache findet sie enorme Kraft,
Ein Wortgewitter, das Liebe schafft.

Sie wandert durch das Wortgewitter,
Ihre Verse strahlen immer bitter,
Ein Tanz im Regen der Poesie,
Eine heimliche Melodie.

Wandlerin im Wortgewitter stark,
In jedem Buchstaben verbirgt ein Mark,
Manchmal stürmisch, oft ganz leis',
Ihre Worte sind weise, wild und heiß.

**Tagträumerin der Töne**

Im Reich der Töne sie lebt,
Ihre Melodie uns nach oben hebt,
Leise singt sie des Lebens Lied,
In jedem Ton, Gefühl und Müh.

Sie träumt den Tag in Liedern ab,
Jeder Ton ein Kuss, jeder Laut ein Lab,
Und in ihrem Herzen schwingt und webt,
Der Klang der Welt, der in ihr bebt.

Tagträumerin, im Land der Schwingung,
Mit jeder Note, eine neue Empfindung,
Sie malt die Welt in Süßmusik,
Mit einem Ton, schafft sie das Glück.

Und so singt sie, fern der Welt,
Wo der Takt der Zeit nicht zählt,
In den Tönen ihres Traumes,
Findet sie, des Lebens Räume.

## Muttersprachmelodie

Eine Melodie sanft und vertraut,
Die Sprache der Mutter, auf die man baut,
In jedem Wort, in jedem Klang,
Erklingt das Lied, das mit uns begann.

Die Sprache der Liebe, warm und weich,
Gibt uns Kraft, macht uns reich,
In ihr finden wir unser Sein,
Sie ist unser Heim, sicher und fein.

Sie ist der Klang unserer Kindheit,
Trägt in sich Freude, Liebe, und Streit,
In ihr klingen an jeder Stelle,
Die Melodien unserer Seele.

Muttersprachmelodie, süßer Klang,
Leitest uns durch Leben lang,
Bist der Ton, der uns vertraut,
Bist die Melodie auf die man baut.

**Triumphale Tonleiter**

Die Tonleiter wirkt so ideal,
Jeder Schritt fährt zum Himmel wie Stahl,
Klingt leise in des Abends Schein,
Als Triumph des Tages, oftmals klein.

Die Noten tanzen, bauen eine Brück,
Zwischen uns und dem musikalischen Glück,
Die Melodie erklimmt den hohe Mast,
Und segelt weich, durch das Konzert, ganz rast.

Mit jedem Schlüssel öffnet sich ein Tor,
In das Paradies der Harmonie, ohne hervor,
Triumphiert in seiner ganzen Pracht,
Die triumphale Tonleiter, durch die Nacht.

Die Macht der Musik, sanft wie Seide,
Erweckt in uns die tiefe Freude,
In jedem Ton, in jeder Melodie,
Finden wir die wahre Symphonie.

## **Sternenzauberin**

Sie malt mit Licht auf Dunst und Nacht,
Die Sternenzauberin, mit sanfter Macht,
Jeder Punkt eine Geschichte erzählt,
Im Himmelszelt, so weit, so erhellt.

Sie webt die Träume in den Raum,
Unter ihrem funkelndem Saum,
Eingetaucht im Silber, im Gold,
Eine Schönheit, die niemals verholt.

Jeder Stern, eine Melodie singt,
Die durch die Dunkelheit klingt,
Die Sterne flüstern, mit ganz leiser Stimme,
Im Chor des Universums, keine Mimme.

Die Sternenzauberin, die Nacht besingt,
Von Liebe, Leben, und was uns verbindet,
In der Dunkelheit, weit und breit,
Sie malt mit Sternen die Unendlichkeit.

## Ewige Echolot

Tief in den canyons der Stille,
Wo die Zeit steht fest, und ohnedies Fülle,
Das Echolot klingt, durch die Ewigkeit,
Verliert sich, findet sich, in Raum und Zeit.

Es hallt wieder, im wachen Geist,
Ein Echo, das auf Ewigkeit verweist,
Die Stimme verliert sich, in der Ferne,
Doch das Echo bleibt, obwohl es gerne.

Es verliert sich nie, das Echolot,
Im Herzen des Lebens, tief und rot,
Es klingt in der Stille, es klingt im Lärm,
Es ist die Stimme, das ewige Firm.

Widerhall in den Tiefen der Zeit,
Die Stimme, die uns durch die Ewigkeit leitet,
Es klingt und bleibt, das ewige Echolot,
In der Stille, aus der Dunkelheit, aus dem, was Gott gebot.

## Klugen Klangknoten

Kluge Klangknoten, sanft gewebt,
In dem Lied, das in uns lebt,
Jeder Ton, jeder Reim und die Melodie,
Erzählt eine Geschichte, so frei und hie.

Sie weben den Schal der Harmonie,
In allen Tönen, in jeder Melodie,
Die Musik fließt, in der Seele so rein,
In jedem Klangknoten, im hellen Schein.

Jeder Knoten, ein Moment der Stille,
Inmitten von Lärm, in der lauten Fülle,
Ein Moment der Ruhe, ein Moment der Freude,
In jedem Klangknoten, in seiner ganzen Weide.

Die Welt in den klugen Klangknoten liegt,
In ihren Tönen, in ihrem Lied,
Sie erzählen Geschichten, von Liebe, von Verlust,
In jedem Ton, in jeder bewussten Lust.

**Fürstin der Feder**

Jede Zeile ein Edelstein, so präzise und voll,
In der Dunkelheit leuchten sie, schafft eine liebevolle Erhol.
Meisterhaft gewebt mit Worten, so stark und leider,
Die Fürstin der Feder herrscht ohne Grenzen, immer wieder.

Feder fließen frei, Zeilen singen im Chor,
Fürstin der Feder, du weckst die Seelen empor.
Geschrieben auf Seiten, in Herzen eingebrannt,
Mit jeder Zeile wächst das Verständnisband.

Die Weisheit der Worte, die Magie der Silben,
In ihren Armen finden wir die Geschichten, die wir lieben.
In der Tiefe deines Geistes fließt ein poetischer Fluss,
Du, Fürstin der Feder, schenkst uns mit Worten den Genuss.

## Liedlineal

Mit dem Liedlineal, messen wir den Ton,
Jede Note, jede Zeile, schlägt das Herz in heller Son.
Von der Freude zur Traurigkeit, vom Glück zum Leid,
Unsere Seelen reisen mit, durch Zeit und Raum, keine Scheid.

Gemessen in Melodien, skizziert mit Gefühl,
Das Liedlineal des Lebens, ein Instrument so subtil.
Mit der Musik in unseren Herzen, zählt die Zeit,
Es ist der Rhythmus des Lebens, wir sind bereit.

Jede Note, gemessen und exakt,
Jeder Ton, erhellt in der Nacht.
Das Liedlineal unserer Sehnsucht, ein himmlisches Lied,
Und im Herzen tief, wo das Lied sich zieht.

**Ruhmreiche Reimkomponistin**

Mit Worten als Pinsel, malt sie ein Bild,
Die ruhmreiche Reimkomponistin, so wild und mild.
Sie choreografiert Emotionen, formt Gefühle in Reimen,
Lässt uns mit ihren Versen, in unbekannte Welten keimen.

Des Herzens Echo ist ihre Melodie,
Hervorgerufen durch ihre Poesie.
Die Reime tanzen und wirbeln, im Takt des Lebenslaufs,
Die Komponistin der Worte, holt die Sterne herauf.

Ihre Reime beleuchten die Geister, so klar und hell,
Sie, die Meisterin der Wörter, wandelt im Himmelszelt.
Erhaben schreitet sie, voller Anmut und Stärke,
Die ruhmreiche Reimkomponistin, eine wahre Liedwerker.

## Sagen Siegel

Jede Sage trägt ein Siegel, ein Zeichen von Gewicht,
Als Hüter der Erzählungen, leuchtet das Siegel hell im Licht.
Die Zeichen, geschnitzt in die tiefe Erinnerung,
Sie erzählen von Mut und Zauberei, von Freude und Verbundenheit voller Schwung.

In jedem Siegel liegt eine Geschichte verborgen,
Vom ersten Morgenrot bis zum letzten Abend in Sorgen.
Sie erzählen von Helden und Schlachten, von Liebe und Verlust,
Das Siegel bewahrt die Erinnerung, hält die Sage in ihrer Lust.

Geschmiedet im Feuer der Zeit, geformt im Fluss der Geschichte,
Das Sagen Siegel erzählt, voller Geheimnisse und Mystik mit List.
In seinen Zeichen liegt die Weisheit aller Zeiten verborgen,
Es ist der Schlüssel zur Vergangenheit, das Versprechen der Morgen.

**Tropfen der Weisheit**

Jeder Tropfen enthält eine Wahrheit,
Fließt sanft wie ein sanftes Heil.
Gibt Klarheit in dieser Tiefsee der Unruhe,
Einsicht ist der Weisheit heilige Teil.

In der Stille der Nacht, sie fällt,
Klar und hell, wie ein Himmelszelt.
Zeigt Wege aus Schatten, ins helle Licht,
Ist unser Kompass, unser Seelenlicht.

Sie dringt ein, wie ein Leuchtturm im Meer,
In die Dunkelheit der Ignoranz so schwer.
Ist unser Führer, in der ewigen Nacht,
Tropfen der Weisheit, sei hoch geacht.

In jedem Tropfen wohnt ein Gedanke,
Geboren in der Weisheit, ohne Schranke.
Ein Geschenk des Universums, geliebt und rein,
Mögen wir immer weise und dankbar sein.

**Pfade der Stärke**

Geschmiedet in der harten Prüfung,
Erwacht die Stärke, in ihrer Bedeutung.
Sie führt uns auf ihrer gebirgigen Bahn,
Auf Pfaden, die keiner betreten kann.

Zwischen Herausforderung und Überwindung da,
Entsteht Mut, sowohl nah als auch fern.
Es ist der Weg, den wir wählen,
Um unser wahres Selbst zu enthüllen.

Stürme mögen uns zutiefst erschüttern,
Doch sie können den Geist nicht zerstückeln.
Pfade der Stärke, Gezeiten der Zeit,
Sie sind unsere wahre Identität.

Geführt von Hoffnung, nicht von Furcht,
Jeder Schritt ein Sieg, so lautet der Mut.
Es ist der Weg, den wir gehen,
Unsere wahre Stärke zu sehen.

## Lied des Lebens

Das Leben singt ein stilles Lied,
Voller Liebe, vor Schmerz aber flieht.
Es erzählt eine Geschichte, tief und rein,
Von Freude, Schmerz, Verlust und Gewinn.

Es ist ein Tanz, so wild und frei,
Ein ewiger Kreis, Ende und Neu.
Ein Lied, das wir alle singen,
Voll Hoffnung, die wir alle bringen.

Es ist die Sehnsucht, die uns verbindet,
Der Schmerz, der uns immer findet.
Und doch, in jedem Refrain,
Finden wir Liebe, Leben und Schein.

So singen wir das Lied des Lebens,
Mit allem, was es uns gegeben.
Wir tanzen im Rhythmus, geben es frei,
Singen laut, lieben ewig, sind stets dabei.

**Echo des Echos**

Stimmlos in der Stille der Nacht,
Auf die Echoes der Vergangenheit wacht.
Geschichten flüstern, wie ein zarter Wind,
Echo des Echos, eine Melodie, so lind.

Jedes Flüstern trägt ein Geheimnis in sich,
Geboren aus der Vergangenheit, so tief und reich.
Sie widerhallen in unseren Herzen, klar und laut,
So vertraut und doch so fremd und vertraut.

Sie sind die Stimmen, die uns formen,
Die uns trösten, wenn wir uns verloren fühlen.
Echo des Echos, in jedem Atemzug,
Eine Erinnerung, ein Versprechen, ein Flug.

Es sind die Stimmen, die niemals sterben,
In unseren Herzen, für immer vererben.
Echo des Echos, leise und fein,
In unserem Sein, werden sie immer sein.

### Kristallklang

Im Spiegel der Gedanken klingt es laut,
Kristallklang schallt, füllt das Herz mit Lieder,
Es ist wie das Flüstern einer kühlen Nacht,
Unantastbar, wie der Glanz der Winterbilder.

In der Tiefe verborgen, so rein und klar,
Erinnert an den Himmel, frei von Schein,
Es tanzt im Wind, verbreitet sich ganz rar,
Im stillen Flüstern, von Ängsten rein.

Es ist der Klang, der die Stille bricht,
Er hat das Echo der Ewigkeit in der Hand,
The Fingerspitzen glitzern im matten Licht,
Ein Symphonie, ein unergründetes Land.

Ringe an den Fingern, ruhend, behutsam,
Kristallklang schwingt in der Luft so sacht,
Singt Lieder der Liebe, erfüllt und klar,
Im Herzen, im Geiste eine stille Nacht.

**Die Siegerin der Schmerzes**

Ungesehen, unbefangen tanzt sie im Wind,
Zwischen Lachen und Weinen, die Siegerin der Schmerzen,
Sie trägt die Bürde mit einem Lächeln so lind,
In der Tiefe verborgen, die grämlichen Herzen.

Ihr Lachen ist wie Gold in der Morgensonne,
Ihre Traurigkeit, tief wie der dunkelste Nacht,
Sie siegt, kämpft tapfer, keine verlorene Wonne,
In ihren Kämpfen, sie hat die Macht.

Weder Schatten noch Licht verbarg sie je,
Bleibend stark, durch jedes Unheil schmerzhaft,
Die Siegerin des Schmerzes, zeugt von Spree,
Im Angesicht des Sturms bleibt sie stets haft.

Schmerz ist ihr Begleiter, ein ständiger Gast,
Doch sie siegt immerzu, Stärke letzten Endes,
Harte Zeiten sind vergangen, Vergangenheit so verblasst,
Sie ist die Siegerin, wenn der Tag sich wendet.

**Trauerfluten**

In der Dunkelheit einer tristen Nacht,
Trauerfluten brechen hervor, kraftbeladen,
Tiefe Sehnsucht weint, hat erwacht,
Liebe, die wir einst hatten, verblassen.

Geister der Vergangenheit geboren aus Schmerz,
Schweben in Tränen, fließen in Strömen,
Jede Welle schlägt ein Loch in das Herz,
In fernen Träumen, verlorenen Träumen.

Das Echo der Sehnsucht klingt tief und hohl,
Trauerfluten zügeln, ein vergeblicher Versuch,
Eine Liebe vergangen, ein Fest so fahl,
In der Erinnerung bleibt nur noch ein Fluch.

Trauerfluten erinnern, erwecken die Schmerz,
Eine Liebe, verloren im Lauf der Zeit,
In jeder Welle, ein gebrochenes Herz,
Trauerfluten tragen die Vergangenheit.

## Zeitenzauber

Vergangene Zeiten blicken zurück, so fern,
In den Tiefen der Erinnerungen, ein Zeitenzauber,
Ein Lied, gesungen von einem alten Stern,
Eine Reise, geleitet durch den Himmel, so sauber.

Jeder Moment erzählt eine eigene Geschichte,
Schicksalsfäden weben ein einzigartiges Band,
Zeitenzauber hält nicht an der elenden Dichte,
Es streckt sich aus, über das gesamte Land.

Ein Tanz von Licht und Schatten, ewig rollend,
Die Vergangenheit erinnert sich an jedes Wort,
Zeitenzauber leuchtet, immer wieder tollend,
In jedem Echo, in jedem verlorenen Ort.

Zeitenzauber, flüstert die alte Weise,
Jede Ära hält ihren eigenen Zauber fest,
In den Flüstern der Zeit, in stiller Reise,
Zeitenzauber lebt, in jedem Herz das beste.

## Tanzende Tonarten

In faszinierender Harmonie sie schweben,
Verzaubern uns mit Zauber der Musik,
Sie lassen uns in hohen Höhen schweben,
Im Tanz der Tonarten, freudig und geschickt.

Sie leuchten hell in der dunkelsten Nacht,
Mit Rhythmen, die das Herz erfüllen,
Sie sind unsere Freude, uns're Macht,
Im Wirbel der Melodie wir uns verhüllen.

Sie malen Bilder in den Geist,
In der Stille sie uns begleiten,
Zu jeder Zeit, an jedem Ort, ganz unverleist,
In den tanzenden Tonarten, wir uns weiten.

Sie sind unsere Tröstung in der Stille,
Unser Lachen in der Fröhlichkeit,
Sie sind unsere Seele, unser Wille,
In der Symphonie des Lebens, in Ewigkeit.

## Spiegelbild Seelenkraft

Im Spiegel deiner Seele, es funkelt und blinkt,
Du reflektierst Stärke, in Wahrheit eingehüllt,
Deine innere Kraft, sie strahlt und klingt,
In jedem Bildnis das dein Spiegelbild erfüllt.

Freundlichkeit leuchtet aus tiefem Inneren,
Deiner Seelenkraft, ein leuchtendes Feuer,
Leidenschaft und Liebe, mögen nie vermindern,
Deine Seelenkraft, immer tiefer, immer treuer.

Der Spiegel deiner Seele, ein lebendes Bild,
Es flimmert und flackert, aber niemals erlischt,
Dein Charakter, von Güte und Liebe gebild,
In deinem Spiegelbild die Seelenkraft Sicht.

So strahle weiter, dein Licht so hell,
Deine Seelenkraft, ein unbändiges Streben,
Ein Spiegel deiner Seele, so rein und so schnel,
Spiegelbild Seelenkraft, ein Segen im Leben.

**Stimmgewebe**

Worte gewebt in samtigen Stimmen,
Erzählen Geschichten, sanft und klar,
In der Harmonie der Töne wir schwimmen,
Stimmgewebe, so wunderbar.

Gedanken fließen in silbernen Strömen,
In gewobenen Klängen, wir sie entdecken,
Stimmgewebe, vom Himmel wir dir träumen,
Sanft und fließend, niemals zu erschrecken.

Worte gewoben in melodischen Liedern,
Lassen uns träumen, in ihrer Weisheit,
Stimmgewebe, in Harmonie wir wieder
finden Mut, Freude und Bereitschaft.

In der Sprache gewoben, so fein,
Erzählt von Gefühlen, tief und wahr,
In Stimmgewebe, klar wie der Rhein,
Bleibt die Schönheit der Sprache immer dar.

**Stilles Schluchzen**

In der Stille der Nacht, ein leises Schluchzen,
Ein Herz empfindet Schmerz, fühlt sich allein,
Die Dunkelheit, sie scheint zu lauschen,
Stilles Schluchzen, ach so klein.

Tränen fließen, stumm und ungehört,
Ein einsames Herz, im Schluchzen verlieren,
In der Dunkelheit, ein leises Beschwerd,
Stilles Schluchzen, keine Hilfe zu gebieren.

Doch durch das schluchzen, entsteht auch Stärke,
Ein kleines Licht, in Dunkelheit entfacht,
Das stille Schluchzen, nicht mehr merke,
Das Herz erwacht aus dunkler Nacht.

So weine nicht, du tapferes Herz,
Dein stilles Schluchzen, es hat Wert,
Aus Schmerz entsteht oft größter Scherz,
Dein stilles Schluchzen, es wird gehört.

**Flügel der Freiheit**

In den klaren Himmel steigen,
Ohne Sorgen, ohne Schweigen.
Flügel der Freiheit, sie flattern so leicht,
In der Weite des Himmels, ein Bild das erreicht.

Keinen Käfig, keine Grenzen,
Keine Regeln, keine Benzen.
Flügel der Freiheit, Unendlichkeit berühren,
In der Stille des Seins, Ewigkeiten spüren.

Träume von Freiheit, lebendig und klar,
Resonieren in Herzen, nah und wunderbar.
Flügelschläge, die in der Luft tanzen,
Schreibend in den Wolken, flüsternde Bilanzen.

In der Unendlichkeit, rein und wahr,
Liegt die Freiheit, offenbar.
Flügel der Freiheit, im Sonnenlicht glänzen,
Als Zeichen der Hoffnung, und ewiges Kränzen.

**Versversorger**

In der Stille der Nacht, webt er Verse,
In seine Worte fließt das Universum, so dicht und diverse.
Er ist der Versversorger, in der Stille des Raums,
Mit seiner Feder in der Hand, erfüllt er alle Träums.

Er formt die Worte, sanft und leise,
In der Dunkelheit, auf seine eigene Weise.
Der Versversorger, malt Bilder im Geist,
In jeder dunklen Ecke, wo das Licht leise reist.

Er webt die Träume, Tag und Nacht,
Unter dem Licht des Mondes, so voll und pracht.
Der Versversorger, mit Liebe er schreibt,
Seine Verse brennen, bis das Dunkel verbleibt.

Er ist der Träumer, der die Worte hält,
In der Stille des Nachts, ist er der Held.
Der Versversorger, sein Talent ist rein,
Mit jedem Vers, könnte er dein Herz verein.

## Herzton Heldin

In einer Welt die laut und verrückt,
Sie spürt das Leise, das sanft und entzückt.
Die Herzton Heldin, sie hält den Beat,
In ihrer Brust, wo die Liebe entsteht.

Sie hört das Flüstern, der leisen Melodie,
In der Stille ihrer Seele, dem sanften Idyllie.
Die Herzton Heldin, in Takt und Ton,
Lebt ihr Leben, und spinnt den Faden davon.

Sie ist die Dirigentin, des leisen Klangs,
In der Musik des Herzens, sie hört den Gesangs.
Die Herzton Heldin, mit Liebe so fein,
In ihrer Seele, könnte das ganze Universum sein.

Sie ist die Heldin, die das Herzton trägt,
In ihrer Stille, wo die Welt sich bewegt.
Die Herzton Heldin, mit Liebe im Klang,
Sie ist die Melodie, der leiseste Gesang.

## Silbern Sage

Unter dem silbernen Mondlicht tanzen,
In den tiefen des Waldes, die Geschichten anranzen.
Die Silbern Sage, in den Sternen gelesen,
In der Dunkelheit, wo die Geheimnisse gewesen.

Sie spricht von alten Zeiten, von Liebe und Leid,
In der Stille der Nacht, in der Unendlichkeit.
Die Silbern Sage, von Ewigkeit zu Ewigkeit,
Sie erzählt die Wahrheit, in ihrer ganzen Reinheit.

Sie ist die Erzählerin, der alten Weisen,
In der Dunkelheit, lässt sie die Sterne reisen.
Die Silbern Sage, in der Stille der Nacht,
Sie spricht die Wahrheit, mit all ihrer Macht.

Unter dem silbernen Mondlicht, die Geschichte gezogen,
In der Stille der Nacht, von den Sternen belogen.
Die Silbern Sage, sie spricht und lebt,
In jedem Wort, das sie verwebt.

**Flüsternde Weide**

Am Ufer sitzt eine Weide, die flüstert,
Ihre Zweige wiegen sich zart im Wind,
Sie zählt die Sterne, die im See gesichtet,
Kraft und Frieden, sie im Herzen bind.

Eine alte Seele, auf die Erde genäht,
Gibt Trost und Heilung, in der Stille der Nacht,
Ihr flüstern weckt die Träume, so leicht,
In ihrer Gegenwart, die Zeit erwacht.

Leise Geschichten, im Wind verbreitet,
Bis der Tag bricht, die Sonne so klar,
Unter der flüsternden Weide, Zeit bereitet,
Für Geschichten, die liegen in ihrer Schaar.

Im Schatten ihres Laubwerks, ruhender Friede,
Flüstern aller Lebewesen liegt im Wind,
Mit jedem Wispeln, jede Sorge flüchtet,
In ihrer Stille, das Chaos beginnt und zerrinnt.

## Federfähriger Gesang

Im Morgenschimmer, Vögel singen,
Ihre Lieder, federfährig und hell,
Melodien, die durch die Luft schwingen,
Erzählen Geschichten, farbenfroh und schnell.

Sie hüpfen und flattern von Zweig zu Zweig,
Singen Geschichten alter Zeiten,
Ihr Gesang ist frei, leicht und drauf bereit,
Von der Welt, in jeder Richtung weit.

Federfähriger Gesang, süß und klar,
Bringt Ruhe in den Morgen, hell und stark,
Spüre ihr Echo, mysteriös und wunderbar,
Von der Spitze des Himmels, bis zum waldigen Park.

Jeder Ton, jeder Klang und jeder Takt,
Loblied auf das Leben, das sonnenbeschien,
In ihrer Sprache, geschickt verpackt,
Lied des Lebens, federfährig und rein.

## Zeitenzwischenraum

Zwischen den Sekunden ein Moment,
In der Stille der Zeit, wo alles ruht.
Gedanken tanzen, unbekannt und fremd,
Erinnerungen, gehüllt in Wahrheiten, gut.

Im Raum zwischen den Zeiten, ewig lang,
Verschwinden Stimmen, eilen die Jahre hinab,
Vergangenheit, in der der Frieden schwang,
Zerrinnt im Zeitenzwischenraum wie salziger Ab.

Was bleibt, ist ein Hauch von Allem,
Tage vor trostloser Leere, Nächte verschwinden,
Im Zeitenzwischenraum, so mild und schmal,
Alte Antworten und neue Fragen sich finden.

Stare in das Nichts, die Zeiten dazwischen,
Fühle das Gewicht von Leben, so scheinbar klein,
Im Einatem der Jahre, die schier erfrischen,
Zeitenzwischenraum, Tor zur Ewigkeit hinein.

**Sternensprache**

Die Sterne flüstern Geschichten der Nacht,
Worte aus Feuer und eisiger Sehnsucht.
Sie singen Lieder der Dunkelheit gebracht,
Ihre Sprache, Reinheit in ihrer Vollendung beruht

Sie tanzen über den Nachthimmel hoch,
Erzählen Geschichten, alt und neu,
In ihrer stummen Sprache, so sanft und doch,
Sprechen sie Stille in die Dunkelheit, treu.

Sie leuchten, sie blitzen, sie flüstern und fallen,
In der Dunkelheit, Träumer, ihren Liedern lauschen,
In der Sprache der Sterne sind alle gleich, ohne Qualen,
Ihre Lichter, durch die ewige Nacht sie rauschen.

In der Dunkelheit, wenn alles still steht,
Sieht man Ihre zarten Flüstern, hell und frei,
Sternensprache, das Herz versteht,
Sie erfüllen die Nacht, voller Wunder, oh schau, sei dabei!

## Träume der Dunkelheit

Im Herzen der Nacht, verborgen im Dunkel,
Lauscht man weisen Worten von einem Bunkel.
Träume der Dunkelheit, tief und fein,
In ihrem hypnotischen Tanz, wir verneigen uns klein.

Die Sterne scheinen in dem schwarzen Seidenhaar,
Silberfäden, Lichtfaden, glänzend und klar.
Verschlungen in den Schleier der mystischen Nacht,
Haben wir uns auf die Reise der Träume gemacht.

Träume der Dunkelheit, gesponnen so fein,
In dem Ozean der Stille, wir erobern das Sein.
In der Tiefe ihrer Schönheit, wir verlieren uns sacht,
Im Rhythmus ihrer Melodie, die die Nacht gebracht.

Flüstern von Geheimnissen, verborgen im Wind,
Träume der Dunkelheit, singend wie ein Kind.
In der Stille der Nacht, wir wandeln allein,
Bis das Morgenlicht uns weckt, so wird es immer sein.

**Schatten der Worte**

In den Schatten der Worte, verborgen und still,
Finden wir die Magie, die jeder erreichen will.
Sie tanzen und flüstern, verspielt und frei,
Erwecken in uns Gefühle, tief und dabei.

Schatten der Worte, Substanz fein,
Wehend im Wind, sie ziehen uns hinein.
In den Reigen ihrer Weisheit, tief und schwarz,
Finden wir den Schlüssel, der unser Herz erfasst.

Von leisen Flüstern und lautem Schrei,
Im Schatten der Worte, dort sind wir dabei.
Eintauchen in ihre Tiefe, stürzen uns hinein,
Um zu entdecken, was es heißt, wirklich zu sein.

Schatten der Worte, mächtig und rein,
Im Spiel ihrer Silhouetten, wir sind niemals allein.
Sie tanzen und singen, über Land und über Meer,
Und die Stille ihrer Wahrheit, begleitet uns sehr.

## Kreise der Hoffnung

In den Kreisen der Hoffnung, tief und groß,
Sehen wir die Zukunft, farbenfroh und los.
Sie tanzen und schwingen, leuchtend in der Nacht,
Erwecken in uns den Glauben, sanft und mit Macht.

Kreise der Hoffnung, in ihnen liegt das Heil,
Sie umhüllen uns sanft, machen uns lebendig und heil.
In ihrem Licht sehen wir die Welt,
Als einen Ort der Liebe, der uns zusammenhält.

Durch die Kreise der Hoffnung, wir ziehen uns vor,
Auf dem Weg zu der Freiheit, durch ein offenes Tor.
In den Tiefen ihrer Farben, wir entdecken das Sein,
Und die Sanftheit ihrer Bewegung, macht uns rein.

Kreise der Hoffnung, sie zeigen uns den Weg,
Ob es stürmt oder schneit, ob es regnet oder liegt Schnee.
Sie sind unser Leitstern in der Dunkelheit tief,
Und das Versprechen, das stets hält, wenn alles schlief.

**Flug der Gefühle**

Im Flug der Gefühle, weit und breit,
Erheben wir uns, in die Endlosigkeit.
Wir fliegen und schweifen, hoch und weit,
Erforschen die Tiefen unserer Innerlichkeit.

Flug der Gefühle, ein Tanz im Wind,
Er weckt in uns Lieder, so klar wie ein Kind.
Auf den Schwingen der Emotionen, wir steigen auf,
Und lassen hinter uns den bekannten Lebenslauf.

Durch die Wolken der Freude und den Sturm der Traurigkeit,
Im Flug der Gefühle, wir erkennen die Wahrheit.
Wir schweben, wir taumeln, wir wagen den Sprung,
Und erkennen uns selbst, in jedem Umstand und Zwang.

Flug der Gefühle, ein endloses Spiel,
Wir folgen ihrem Ruf, haben dasselbe Ziel.
Sie tragen uns hinfort, zu fernen Ufern und Land,
Und in ihren Tiefen, finden wir unser eigenes Strand.

**Geflüsterte Gebete**

Flüstern in der nächtlichen Stille,
Jede Seele verzehrt in der Fülle,
Träume, Hoffnungen, stille Gebete,
Gefangen im Schleier der leisen Töne.

Gebete in der Kühle der Nacht geflüstert,
Inhalte des Herzens, die Zeit gemustert,
Lausche dem Wind, wie er singt unser Lied,
In der Stille der Nacht, wo die Welt uns sieht.

Gebete, so zart in der Dunkelheit gesprochen,
Hoffnungen, die im Wind zerbrochen,
Doch im Flüstern der Nacht finden wir den Mut,
Gebete, geflüstert – Andacht, so gut.

In stiller Verbundenheit, unter dem Mondenschein,
Gebete, geflüstert, leise und rein,
In diesem Moment fühlen wir uns lebendig,
Gebete, geflüstert, ewig und unendlich.

## Strahlender Klang

Ein Klang, der in der Stille erwacht,
So hell und rein, voll strahlender Macht,
Er füllt die Luft, erhebt den Raum,
Leitet uns in einen süßen Traum.

Der Klang, er strahlt, durchbricht die Nacht,
Hat eine Botschaft, die uns erzählt Geschichten sacht,
Von fernen Ländern, von Liebe und Sehnsucht,
Verströmt er seine Melodie, in der Luft so feucht.

Strahlender Klang, der durch die Dämmerung schwebt,
Erzählt von Wundern, die es nur im Traum gibt,
Wie eine Melodie, die unsere Herzen berührt,
Legt sie ihren Zauber auf uns, ganz ungerührt.

Ein strahlender Klang, der die Stille durchbricht,
Erweckt in uns eine Freude, ein warmes Licht,
So tanzen wir zum Rhythmus der Nacht,
Im strahlenden Klang, der das Leben erwacht.

## Geheimnisse und Schwestern

Zwei Schwestern, hübsch und stolz,
So unterschiedlich, doch innig verholzt,
Teilen lachend ihre kleinen Geheimnisse,
Im Herzen blühen sie, wie offene Prinzessinnen.

Schwestern im Geheimen, gebunden durchs Schicksal,
Ihr Lachen klingt süß, ihre Freude so... typisch,
Doch in ihren Augen, ein Funkeln so tief,
Verbargen sich Geheimnisse, die niemand rief.

Sie teilten alles, von Freude bis zu Kummer,
Ihre Geheimnisse waren der Basis ihres Hammers,
Fest standen sie zusammen, durch Stürme und Brisen,
Starke Bande formten diese Gründe der Schwestern.

Geheimnisse und Schwestern, ein komisches Paar,
Eine Beziehung geprägt von Liebe, so wunderbar,
Leise am Rande der Träume, blicken sie herab,
Verbunden in Geheimnissen, eine Beziehung nicht zu scharf.

## Blume der Erkenntnis

Eine zarte Blume, im Herzen der Nacht,
Entbrennt in Farben, in erstaunlicher Pracht,
Verborgen liegt in ihr eine tiefere Bedeutung,
Die Blume der Erkenntnis, frisch in der Abrechnung.

Die Blume wächst, streckt ihre zarten Blätter aus,
In Richtung des Wissens, hinaus ins riesige Haus,
Erkenntnisse flüstern leise zu ihr hinüber,
Sie trinkt sie auf, wird stärker, wird immer lieber.

Die Blume der Erkenntnis leuchtet in der Nacht,
Stark und stolz, hat sie ihre Kraft entfacht,
Stellt sich dem Unbekannten, streckt ihre Blüten auf,
Bereit für die Erkenntnis, für den weiten Lauf.

Eine einzige Blume in der Dunkelheit der Welt,
Hält an der Erkenntnis fest, so hell erhellt,
Mit jedem Wachstumsschub füllt sie sich mit Wissen,
Die Blume der Erkenntnis, wir sollten sie nicht missen.

## Nachtsilben

Unter der Samtigkeit der dunklen Wolken,
Lichtespiel, das den Nachthimmel zerbrochen,
Süße Melodien, die in Träume gewebt,
Silbern glänzend, ein Lied das im Wind schwebt.

Die Nacht als behütende Wiege,
Im Sternenlicht, unsere Herzen fliegen,
Träume flüstern in sanften Nachtsilben Mit,
Wecken Gefühle, bittersüsse Freud getüft.

In der Stille der Nacht, verstecktes Sehnen,
Tanz mit den Sternen, unerzählte Legenden,
Gestillte Hoffnungen im silbernen Mondglanz,
Nachtsilben singen, in hoffnungsvollem Tanz.

Schwindender Klang, im Herzen noch wachen,
Verschwiegen der Nacht, die Träume verloren,
In Nachtsilben eingewoben, das Dunkel erbricht,
Das Echo der Nacht, das die Ruhe verspricht.

**Poesiepuls**

Im Rhythmus der Worte, das Herzschlag lauschen,
Unsichtbare Tinte, die Gefühle rauschen,
Poesiepuls, in den Adern tanzt,
Gedanken weben, in Reimen verbannt.

In der Tinte getränkt, die Feder schwing,
Vom Pergament, ein Lied das in der Stille sing,
Flüstern der Worte, der Seelen Melodie,
Geboren im Herzen, die reinsten Poesie.

Schatten tanzen auf leeren Blättern,
In Reimen verflochten, die Worte gefättert,
Das Herz pulsiert, der Poesie Flut,
In den Rhythmus getaucht, die Stille behüten Gut.

In den Tiefen der Worte, das Echo hallt,
Poesiepuls schlägt, eine Geschichte entfaltet,
In Versen geborgen, vertrauter Klang,
Die Melodie der Seele, in sanftem Gesang.

## Quelle der Klänge

Im Herzen versteckt, die Quelle der Klänge,
Eingefangen in Tönen, das Seelen Gedränge,
Harmonien wirbeln im Windes Tanz,
Erinnerungen wachrufen, im musikalischen Glanz.

Murmeln der Quelle, ein sanfter Reigen,
In leise Melodien, die Gedanken sich zeigen,
Töne verweben, in Gesang vereint,
Freud und Leid, in der Stille beweint.

Melodie schwingt, im Raum verloren,
Von Klängen getragen, der Freude auserkoren,
In der Quelle geboren, ins Herz geflossen,
Musik und Poesie, in Harmonie verschlossen.

Quelle der Klänge, ein steter Fluß,
Harmonie weht im sanften Gruß,
In Tönen gemalt, das Leben erzählt,
Die Melodie der Welt, in Gedanken bereist.

## Duft der Deutung

Im Wind verborgen, der Duft der Deutung,
Gedanken verströmt, in sanfter Vermutung,
Worte verwehen, kaum ausgesprochen,
Rätsel gelüftet, im Zwielicht gebrochen.

Verborgene Zeichen, im Duft verborgen,
Gedanken fließen, in die Zuversicht geborgen,
Bedeutung verschwimmt, wie Nebel im Licht,
Das Unsichtbare sichtbar, im Worte verdicht.

Der Duft der Deutung, weht durch die Zeilen,
Geschichte erzählt, in Rätseln verweilen,
Worte leuchten, im Dunkel der Zeiten,
Gedanken fliegen, die Wahrheit begleiten.

In stillen Momenten, die Deutung fein,
Verborgene Worte, im Duft erklär sein,
Die Zeichen lesen, im Wind verweht,
Die Duftspur der Deutung, die niemals vergeht.

**Mondgespräch**

Im Antlitz der stille Nacht, Mondlicht erwacht,
Wie ein fernes Gedicht, in meiner Seele eingebracht,
Durch der Stille Klang, und des Mondes zarter Pracht,
Unsere Gespräche geführt, bis der Tag erwacht.

Mondgespräch, ein Nachtlied, unter Sternen schwebend,
Mit jedem silbernen Strahl, einen Traum webend,
Bis der Morgen begrüßt, durch den Horizont strebend,
Im Kranz der Nacht, bleibt unser Geheimnis schwebend.

Der Himmel deckt zu, mit seiner dunklen Decke,
Das Licht des Mondes bricht durch, auf der nächtlichen Strecke,
Es ist unser Lied, das durch die Dunkelheit wecke,
In der Geborgenheit, die nur die Nacht erreiche.

Die Flüstertöne des Windes, umhüllt vom Mondschein,
Ein Lied für die Träume, die noch nicht dürfen sein,
Gefangen im Tanz, zwischen Wirklichkeit und Schein,
Hinter dem Mondgespräch, wird die Wahrheit reif wie Wein.

## Gewölle des Gewissens

Tief in den Herzen, unsichtbar verborgen,
Ein Labyrinth aus Schuld und Sorgen,
Wo das Gewissen ruht, in der Dunkelheit verborgen,
Wacht es stumm, bis zum nächsten Morgen.

Gebettet auf gestern, gestrickt aus Morgen,
Ein Brunnen voll Sorgen, ertrunken in Sorgen,
In den Zellen des Gewissens, verborgen,
Ist die stumme Hüterin, des Gewölbes Sorgen.

Ein Spinnennetz aus Zweifel und Furcht,
Ein Glockenturm, der stets zum Nachdenken ruft,
Im Gewölle des Gewissens, verborgen in der Kluft,
Steht eine Waage, hält die Schuld in der Luft.

Im Herzen verborgen, doch stets dabei,
Eine Wucht, die uns stetig treibt,
Im Gewölle des Gewissens, trägt sie das Gewicht,
Eine Last, die uns formt, bis zum letzten Licht.

**Namenlose Nachtigall**

Eine Nachtigall singt, im Dunkel der Nacht,
So namenlos, doch mit Hingabe und voller Pracht,
Ihre Flügel sind still, doch ihr Lied voller Macht,
Sie singt das Lied der Liebe, mit unsagbarer Kraft.

Sie singt vom Schmerz, und der Freude so zart,
Vom Wechsel der Jahreszeiten, und des Lebens harte Art,
Sie trägt ihre Töne, mit sanfter, stiller Art,
Diese namenlose Nachtigall, beherrscht die Meisterschaft.

Von Blatt zu Blatt, von Herz zu Herz,
Sie singt uns ihre Lieder, ohne Scherz,
Ihre Melodien, treffen uns mitten ins Herz,
Die namenlose Nachtigall, sie kennt keinen Schmerz.

Im dunklen Gewand der Nacht, singt sie ihr Lied,
Namenlos, doch voller Hingabe, mit jeder Silbe sie zieht,
Sie singt vom Leben, wie sie es sieht,
Die namenlose Nachtigall, ihr Lied uns nie verließ.

## Liebste der Lettern

Im Bann der Seiten, gefangen im Tanz der Worte,
Sie ist die Königin der Lettern, und meines Herzens Pforte,
Jede Silbe ein Kuss, jede Zeile unser Ort,
Die Liebste der Lettern, sie bleibt nie fort.

In den Zeilen verborgen, wohnt die süße Melodie,
Die Liebste der Lettern, sie schuf diese Symphonie,
Mit jedem versunkenen Buchstaben, stirbt ein bisschen Fantasie,
Doch im Tanz der Worte, leben wir unsere utopie.

Im Meer der Worte, segeln wir hinaus,
Mit den Lettern als Kompass, finden wir nach Hause raus,
Mit jedem gelesenen Wort, brennt ein neues Feuer aus,
Die Liebste der Lettern, unser ewiges Zuhaus.

Im Tanz der Worte, finden wir unser Glück,
Die Liebste der Lettern, hält die Zeit zurück,
Mit jedem geteilten Buchstaben, heilt ein neues Stück,
Unser Liebstes der Lettern, unser ewiges Glück.

## Regenträne

Der Himmel weint mit leisen Schmerzen,
Jede Träne trägt eine Geschichte im Herzen,
Sie erzählen von traurigen Dingen,
Und lassen das Herz so bitterlich singen.

Tränen prasseln auf die dunkle Erde nieder,
Erwecken Hoffnung immer wieder,
Sie nähren und tröstet, sie formen und polieren,
Im Auge des Sturms, helfen sie uns zu navigieren.

Sie sind der Regen, der das Leben befeuchtet,
Wo trockene Gedanken in Traurigkeit heuchelt,
Eine einzige Träne kann viel bedeuten,
Wenn sie aus dem Auge der Weisheit läuten.

Sie sind unsichtbare Tinte auf unser Haut,
Wo jedes Wort der Stille laut,
Sie sind Flüstern des Himmels, Lied der Nacht,
In jedem Tropfen liegt verborgen ihre Macht.

## Mitternachtsweise

Wenn die Dunkelheit der Nacht sich breitet,
und der Tag sich schweigend zur Ruh bettet,
Die Sterne am Firmament funkeln und leuchten,
und das Mondlicht sanft auf die Erde zeuchnet.

Dann höre ich die Mitternachtsweise,
Süß, melancholisch, leise,
Sie erzählt von verlorenen Sehnsüchten,
Von Siegen und Niederlagen, von Schichten.

Ein Wiegenlied in der Stille der Nacht,
Macht alles Leid und Kummer sanft und sacht,
Sie ist Balsam für die Seele, salbt die Wunden,
Hat mich mit ihrer Schönheit tief gefunden.

Mitternachtsweise, eine Melodie so zart,
Erschafft in der Dunkelheit ein Kunstwerk der Art,
Sie singt und raunt, sie webt und spinnt,
Bis der erste Strahl der Morgensonne beginnt.

## Schmiedin der Gedichte

Ich bin die Schmiedin der Worte und Reime,
Erschaffe Gedichte aus Stille und Schreie,
Ich nehme die Worte, form sie mit Bedacht,
Entzünde den Funken der Inspiration in der Nacht.

Hammer und Amboss, mein Werkzeug der Wahl,
In der Glut der Passion, in meinem Verstandesaal,
Mit jedem Schlag der Feder aufs Papier,
Entsteht ein neues Kunstwerk hier.

Die Sprache ist mein Rohstoff, lebendig und wild,
Im Ofen der Kreativität formt sie mild,
Jedes Gedicht, eine Klinge, scharf und rein,
Soll treffen und spüren, tief im Herzen sein.

Ich bin die Schmiedin, die Worte in Verse schmiedet,
Mit jedem Gedicht, das der Welt sie bietet,
So entstehe Poesie in flüssigem Feuer,
Als ewiger Tanz, als unendlicher Kreisverkehr.

## Gedankenwebende

Webende Gedanken in der Tiefe der Nacht,
Sie formen und schaffen, sie haben die Macht,
Jeder Faden ein Gedanke, jedes Wort ein feines Gewebe,
Sie verbinden und kreuzen sich, geben dem Leben seine Ebenen.

Die Schatten tanzen im Licht des Mondes,
Erzählen Geschichten, alte und sonder,
Die Gedanken weben sich ineinander,
Erzeugen ein Mosaik, bunt und immer prächtiger.

Sie weben die Träume in das Dunkel der Nacht,
Bis die ersten Strahlen der Sonne erwacht,
Und wenn der neue Tag beginnt,
Leben die webenden Gedanken weiter im Wind.

So lebe ich als die Gedankenwebende,
In meinem Werk sieht man alles Lebende,
Meine Gedanken, Wünsche und Träume,
Formen die Welt in all ihren Räume.

www.ingramcontent.com/pod-product-compliance
Lightning Source LLC
LaVergne TN
LVHW020422070526
838199LV00003B/233